SCHWABING
Franz-Joseph-Str.
Agnesstraße
Giselastraße
Münchner Freiheit
Isabellastraße
Arcisstraße
Nordendstraße
Kurfürstenstraße
Georgenstr.
Leopoldstraße
Giselastraße
Ohmstraße
Königinstraße
Alter Nördlicher Friedhof
Adalbertstraße
Schraudolphstr.
Türkenstraße
Siegestor
Kaulbachstraße
Chinesischer Turm
Isar
Ifflandstraße
Pienzenauer Str.
Barer Straße
Schellingstraße
Ludwig-Maximilians-Universität
Geschwister-Scholl-Platz
Amalienstraße
Universität
Englischer Garten
Neue Pinakothek
Ludwigskirche
Alte Pinakothek
Theresienstraße
Pinakothek der Moderne
Bayerische Staatsbibliothek
Monopteros
Hochschule für Musik und Theater
Schönfeldstraße
Riedelstraße
Lerchenfeldstr.
Möhlstraße
Karolinenplatz
Obelisk
Türkenstraße
O.-v.-Miller-Ring
Ludwigstraße
V.-d.-Tann-Str.
Haus der Kunst
Archäologische Staatssammlung
Widenmayerstraße
Isar
Hausenstein-Weg
Leuchtenberg-Palais
Galeriestraße
Deutsches Theatermuseum
Oettingenstraße
Reitmoorstraße
Brienner Straße
Wittelsbacherplatz
Prinzregentenstraße
BOGENHAUSEN
Maria-Theresia-Str.
Ottostraße
Theatinerkirche
Hofgarten
Bayerisches Nationalmuseum
Holbeinstr.
Salvatorplatz
Odeonsplatz
Staatskanzlei
Maximiliansplatz
Staatl. Sammlung Ägyptischer Kunst
Schack-Galerie
Literaturhaus
Feldherrnhalle
Residenzstr.
Residenz
Prannerstr.
Friedensengel
Europaplatz
Dreifaltigkeitskirche
Hypo-Kunsthalle
Cuvilliés-Theater
Liebigstraße
Prinzregentenstraße
Schatzkammer
Museum Villa Stuck
Promenadeplatz
Theatinerstr.
Max-Joseph-Platz
Residenztheater
Sankt-Anna-Platz
Fünf Höfe
Maffaistr.
K.-Scharnagl-Ring
Sternstraße
Löwengrube
Nationaltheater
Lehel
Prinzregententheater
Jagd- und Fischereimuseum
Hauptpost
Widenmayerstraße
Frauenkirche
Marienhof
Maximilianstr.
LEHEL
Maria-Theresia-Str.
Trogerstraße
Münchner Kammerspiele
Ismaninger Straße
Alter Hof
Platzl
Maximiliansanlagen
Kaufinger Straße
Dienerstr.
Hofbräuhaus
Neues Rathaus
Museum für Völkerkunde
Marienplatz
Burgstr.
Altes Rathaus
Maximiliansbrücke
Spielzeugmuseum
Th.-Wimmer-Ring
Maximilianeum
Rindermarkt
Tal
Sendlinger Straße
Steinsdorfstraße
Max-Weber-Platz
Einsteinstraße
Peterskirche
Heiliggeistkirche
Isartorplatz
Oberanger
Isartor
Rosental
Viktualienmarkt
Westenrieder Str.
Alpines Museum
Stadtmuseum
Neue Synagoge
Valentin-Karlstadt-Musäum
Frauenstr.
Zentrum für außergewöhnliche Museen
Kirchenstraße
Wiener Platz
Blumenstraße
Rumfordstr.
Innere Wiener Straße
HAIDHAUSEN
Müllerstraße
Muffathalle
Müllersches Volksbad
Preysing-straße
Kriechbaumhof/ Übelacker-Häusl
Gärtnerplatz
Reichenbachstraße
Europäische Patentamt
Ludwigsbrücke
Elsässer Straße
Staatstheater am Gärtnerplatz
Corneliusstr.
Baaderstr.
Kellerstraße
Wörthstr.
Gasteig
Metzstraße
Steinstraße
Zeppelinstraße
Rosenheimer Straße
Bordeauxplatz
Sedanstraße
Hochstraße
Fraunhoferstraße
Klenzestraße
Frauenhoferstraße
Erhardtstraße
Deutsches Museum
Breisacher Str.
Weißenburger Platz
Rosenheimer Platz
Pariser Platz
Orleansplatz
Ostbahnhof

FIREWHEELS
66
XXX

Bildschönes

MÜNCHEN

Klaus-Jürgen Vetter (Herausgeber)

BRUCKMANN

INHALT

◄◄ **Münchner Kinder.** München ist weltoffen aber auch traditionsbewusst, genau wie ihre Bürger.

◄ **Wahrzeichen.** Die Türme der Frauenkirche, die Theatinerkirche und der Turm des Neuen Rathauses.

»München leuchtete.
Über den festlichen Plätzen
und weißen Säulentempeln,
den antikisierenden
Monumenten und Barock-
kirchen, den springenden
Brunnen, Palästen und
Gartenanlagen der Residenz
spannte sich strahlend ein
Himmel von blauer Seide,
und ihre breiten und lichten,
umgrünten und wohl-
berechneten Perspektiven
lagen in dem Sonnendunst
eines ersten, schönen
Junitages.«

Thomas Mann,
Gladius Dei –
Schwere Stunde (1903)

◄ »Weltstadt mit Herz«. Mit diesem Prädikat hat sich München selbst in den 1960er-Jahren geschmückt, als München die »heimliche Hauptstadt Deutschlands« genannt wurde. Der Titel musste aber immer wieder gegen Spott (z. B. »Millionendorf«) oder gegen das Image als Metropole der »Bussi-Schickeria« und der königstreuen bierseligen »Lodenmantelfraktion« verteidigt werden. Heute ist die Stadt eine lebendige, weltoffene Großstadt, deren Bewohner sie mit keiner anderen Wohnstätte der Welt tauschen wollten. Über die Anwendung des Begriffs »Weltstadt« auf München kann man streiten, »Herz« wird man München sicher nicht absprechen.

München ist eine Stadt der Gegensätze, aber immer mit einem Augenzwinkern, ein wenig besonders. Unglaublich viel vom Wesen der Stadt und ihrer Bewohner lässt sich an den Fassaden und ihrer Architektur ablesen: München bietet farbenprächtiges Nebeneinander von moderner Glas- und Stahl-Architektur, barocker Pracht und stucküberzuckertem Rokoko neben klassizistisch-herrschaftlicher Geradlinigkeit und verspieltem Jugendstil. Vieles an München wirkt ein wenig getürkt oder übertrieben, was z. B. nach Renaissance aussieht, ist oft »nur« aus dem 19. Jahrhundert.

Die Menschen sind ebenso: Man vergnügt sich deftig in Biergärten und beim »Kathreintanz«, sucht aber auch feinsinnige Gespräche bei Vernissagen in den Pinakotheken, lauscht Kammermusik in Schlosssälen und bekrittelt die allzu moderne Inszenierung der aktuellen Festspielsaison. Auf den einsamen grünen Wanderwegen durch die Isarauen trifft man den Münchner ebenso, wie auf dem Oktoberfest. »Hightech und Lederhose« nannte das einmal sogar die Politik. Vielleicht ist alles hier ein wenig gemütlicher als in den Weltmetropolen, aber eben auch mit der besonderen Prise bayerischem Charme.

▼ **Marienplatz.** Seit der Gründung Münchens 1158 durch Heinrich den Löwen ist dieser Platz das lebendige Herz und auch der prächtige »Festsaal« der Stadt. Hier gab es Turniere und den Henkersblock, heute werden hier Staatsgäste empfangen. Der ehemalige Marktplatz wird vom neogotischen Rathaus mit seinem 85 Meter hohen Turm überragt. Um den Fischbrunnen in seiner nordöstlichen Ecke waren einst die Standl der Fischhändler gruppiert, hier waschen die Münchner am Aschermittwoch ihre leeren Brieftaschen aus, das soll Glück und Geld bringen. In der Platzmitte wacht seit 1638 die Schutzpatronin Münchens: Die goldene Mariensäule.

▼ **Glockenspiel** im Turm des Neuen Rathauses. Gemütlich lässt sich das Spiel der 43 Glocken im gleichnamigen Café genießen. Je nach Jahreszeit erklingen um 11.00, 12.00 und um 17.00 Uhr verschiedene Musikstücke und Figurenläufe.

▼▼ **Türme der Frauenkirche.** Die berühmten »welschen« Hauben, weithin sichtbares Wahrzeichen, erhielt das spätgotische Backsteinbauwerk von Baumeister Jörg Ganghofer 1525.

▼▼ Das **Bennobrünnlein** ziert seit 1972 den Platz vor dem »Liebfrauendom«. Hier kann man wunderbar die müden Füße nach der Kirchenbesichtigung und Besteigung des Südturms ausruhen.

▶ **Das Alte Münchner Rathaus** mit dem rekonstruierten Rathausturm. In dem zentralen spätgotischen Saal mit dem hölzernen Tonnengewölbe rief Josef Goebbels 1938 zur »Reichskristallnacht« auf. Als Zeichen findet hier jährlich die Eröffnungsfeier zur »Woche der Brüderlichkeit« der christlich-jüdischen Gesellschaft München statt.

TAXI SIGHTSEEING • ENGLISCHER GARTEN
www.rikscha-mobil.de
TAXI

◀◀ DAS GLOCKENSPIEL ist die touristische Hauptattraktion des Marienplatzes. Täglich um 11.00 und 12.00 Uhr, in den Sommermonaten zusätzlich um 17.00 Uhr bilden sich Trauben von Schaulustigen, die darauf warten, dass sich die Figuren des größten deutschen Glockenspiels in Bewegung setzen. Kaum ein Tourist hingegen kommt hierher, wenn um 21.00 Uhr die Münchner Nacht eingeläutet wird: Es erscheint das Münchner Kindl, ein Friedensengel und der Ruf des Nachtwächters – Wagners »Meistersinger von Nürnberg« stand dafür Pate – geleiten es zur Ruhe. Zum Abschluss erklingt das »Wiegenlied« von Brahms. Dann erlischt das Licht und die Münchner Nacht beginnt.

◀ NARREN gehören zum Personal des wohl eindrucksvollsten Festes, das München bisher erlebt hat: die Hochzeit Herzog Wilhelms V. mit Renata von Lothringen im Februar 1568. Auf der oberen Bühne des Glockenspiels wird das Turnier, das anlässlich der Hochzeit veranstaltet wurde, von den Figuren nachgestellt.

◀ DIE MECHANIK DES GLOCKENSPIELS steuert zu festgelegten Uhrzeiten die Melodien und die Figuren. Narren, Schäfflertänzer und auch der Nachtwächter bewegen sich nur, wenn die entsprechenden Hebel in Bewegung gesetzt werden.

◀ DER ALTE PETER. Die Pfarrkirche St. Peter steht auf der einzigen Erhebung der Münchner Altstadt, dem Petersbergl. Nach zahlreichen Umbauten und Neuaufbauten – in Folge von Bränden – erhielt die Kirche im 18. Jahrhundert ihre Rokokogestalt. Heute kann man die 306 Turmstufen auf den Aussichtsumgang unterhalb des Turmhelms hinaufsteigen und auf die Dächer der Münchner Altstadt hinunterschauen. In der Vorweihnachtszeit gibt es keinen schöneren Ort, um die Lichter und das Treiben auf dem Christkindlmarkt, den traditionellen Christbaum mit seinen Lichtern und die festlichen Turmbläser auf dem Balkon des Neuen Rathauses zu erleben.

▶ **Platzl.** Von 1368 bis 1805 wurde der Platz nordöstlich vom Marienplatz, unterhalb der alten Residenz der Münchner Herzöge als »Graggenau« bezeichnet. Ab 1780 findet man aber auch den Namen »Platzl«. Trotz des Touristenansturms vor allem auf das Hofbräuhaus kann man hier ein Stückchen altes München mit dem besonderen Flair der alten Gassen und Höfe erleben. Bis 1994 war am Platzl eine traditionsreiche Volksbühne im Betrieb.

▶ **Brezenverkäuferinnen.** Selbstverständlich wird man im Hofbräuhaus in der traditionellen bayerischen Tracht, dem Dirndl, bedient.

▶▶ **Hofbräuhaus.** Herzog Wilhelm V. lässt 1589 ein eigenes Brauhaus einrichten. An der Stelle des bisherigen »Hennenhauses« des Alten Hofs entsteht das Brauhaus, das die Versorgung von Hof und Bediensteten sichern sollte, nachdem er die Ausgaben für den teuren Import von Bier aus dem niedersächsischen Einbeck eindämmen wollte. Der weltberühmte Münchner Biertempel war lange Zeit der Sitz der Brauerei. Das Hofbräuhaus entwickelte sich unter dem geschäftstüchtigen Maximilian zu einem Münchner Exportschlager, in vielen weiteren Städten veranlasste er die Einrichtung von Hofbräuhäusern. Die eigentliche Brauerei wurde wegen der wachsenden Beliebtheit des Hofbräuhauses verlegt und die Gaststuben stark erweitert. Schließlich wurde das heutige Hofbräuhaus 1896 als Ausschankstätte im malerischen Stil eines Altmünchner Bürgerhauses um einen Innenhof herum in der heute in aller Welt bekannten Form errichtet. Der Bau mit den dekorativen Gewölbemalereien von Hermann Kaspar wird häufig als »Brez'n-Barock« belächelt, ist aber die populärste Attraktion Münchens, hier und im malerisch im Innenhof gelegenen Biergarten werden täglich 10 000 Liter Bier ausgeschenkt.

HB
Hofbräuhaus

HB

◀◀ Hauptstadt des Biers, dabei wird immer wieder gern vergessen, dass bis in die Mitte des 16. Jahrhunderts Wein das bayerische Volksgetränk war. Eine zünftige Weißwurst-Brotzeit ist aber ohne ein Weißbier oder eine kühle Mass kaum vorstellbar.

◀◀ Die Schwemme des Hofbräuhaus bietet an den traditionellen Holztischen rund 1000 Gästen Platz. In langen Regalen an der Wand bewahren hier die Stammgäste ihre persönlichen Bierkrüge auf. Mehrmals täglich stimmt die Kapelle das berühmte »Hofbräuhauslied« an, das eigentlich in Berlin entstanden ist und auch von Japanern begeistert mitgesungen wird. Kein Wunder, dass es heute »Hofbräuhäuser« auf der ganzen Welt gibt, beispielsweise in Las Vegas oder im südkoreanischen Seoul.

◀ Weisswurst. Die Rezeptur dieser typisch bayerischen Brühwurst besteht vor allem aus Kalbfleisch, Schweinespeck, Petersilie und einer Gewürzmischung, deren Zusammensetzung als Betriebsgeheimnis vom Metzger gehütet wird. Traditionell wird die Wurst frühmorgens hergestellt und muss vor dem Mittagsläuten (am besten mit süßem Senf) verzehrt werden. Ob man die Wurst nun aus dem Darm »zuzelt« ist strittig, aber bitte auf gar keinen Fall mit der Haut essen.

◀ Bierbrauen. Vier der sechs Münchner Traditionsbrauerein wurden mittlerweile von Großkonzernen übernommen und das Bayerische Reinheitsgebot von 1516 stammt aus Ingolstadt. Trotzdem haben die riesigen kupfernen Sudkessel, in denen Wasser, Malz und Hopfen zu Bier werden, in München eine lange Tradition. Bei entsprechender Wetterlage hängt der typisch malzige Geruch, der beim Bierbrauen entsteht unverkennbar in der Luft.

◀ Schmalznudel. Am Rande des Viktualienmarkts befindet sich das Café Frischhut, das am Morgen bereits ab 5.00 Uhr Kaffee und heiße Schmalznudeln anbietet. Beliebt bei Nachtschwärmern, die sich hier nach durchfeierter Nacht stärken.

▼ **Isartor.** Ein Stück Mittelalter. Fast wie ein Fremdkörper wirkt das stattlich-trutzige Isartor, das einzige in Form und Ausstattung weitgehend erhaltene Stadttor Münchens, das die Altstadt nach Osten hin zur Isar abgrenzt. Im linken Turm ist mit dem Valentin-Musäum eines der skurrilsten Museen der Stadt untergebracht.

▼▼ Die **Theatinerstrasse** trifft auf die ehemalige Kreuzgasse; in der frühen Geschichte Münchens standen hier die städtischen Salzstädel, dementsprechend geschäftig ging es auch damals hier zu, was die Adeligen und Bürger aber nicht abhielt, hier im 17. und 18. Jahrhundert stattliche Palais und Bürgerhäuser zu errichten. Seit 1886 sind die weiß-blauen Trambahnen fester Bestandteil des Münchner Stadtbilds.

▼ Die neu gestalteten **»Fünf-Höfe«** befinden sich im alten Klosterviertel, dem »Kreuzviertel«, das bereits im 14. Jahrhundert erstmals erwähnt wurde. Den Architekten war die Erhaltung der traditionellen städtischen Höfe als Begegnungsstätten wichtig. Sie schufen reizvolle Kombinationen der historischen Gebäude mit Glas und Stahl.

▼▼ Seit 1985 bietet die **Kunsthalle** der Kulturstiftung der HypoVereinsbank in den Fünf Höfen regelmäßig wechselnde Ausstellungen von antiker bis zur Gegenwartskunst inmitten des städtischen Alltags.

▶ **Residenzstrasse.** Die Arkaden der herrschaftlichen Häuser beherbergen heute Cafés und noble Boutiquen. Das Preysing-Palais war das erste Rokokopalais Münchens. Im Eilles-Haus findet sich neben dem Angebot an Leckereien auch ein Altmünchner Innenhof mit seinen typischen nach innen verlegten Laubengängen.

Max-Joseph-Platz

▶ **Ludwigstrasse.** Ludwig I. betrieb den Bau »seiner« Prachtstraße bereits vor seinem Amtsantritt 1825. Die Architekten Leo von Klenze und Friedrich Gärtner wollten einen extrem geometrischen Eindruck der Prachtstraße vermitteln, den sie durch den Bau von breit angelegten Häuserblocks erzielten. An den jeweiligen Endpunkten finden sich »architektonische Souvenirs« des Königs: die Feldherrnhalle im Stil der florentinischen Renaissance und das Siegestor im Stile der römischen Antike.

▶ **Odeonsplatz.** Ein besonderer Höhepunkt jeder Stadtrundfahrt – vor allem vom Sonnendeck des Busses aus – ist die Fahrt über die Leopold- und Ludwigstraße auf die Feldherrnhalle mit ihren grimmigen Löwen zu. So kann man Ludwigs hochherrschaftliche »Via triumphalis« mit ihren klassizistischen Gebäuden in aller Pracht auf sich wirken lassen.

▶▶ **Theatinerkirche.** 1663 gaben Kurfürst Ferdinand Maria und seine Gemahlin Henriette Adelaide aus Freude über die Geburt des ersehnten Thronfolgers den Auftrag für die im Stile des italienischen Hochbarock gestaltete Kirche St. Kajetan mit ihrer reichen zweigeschossigen Fassade. Die spektakuläre Kuppel und die außergewöhnlichen Turmkronen verbreiten mediterrane Prachtentfaltung und Flair in der Münchner Innenstadt. Interessantes Detail: Eine Engelsfigur im rechten Hauptschiff hält eine Stucktafel auf der der Grundriss der Basilika abgebildet ist, die durch die Verwendung von reinweißem Stuck sehr hell und licht wirkt. Nur die Altäre setzen farbige Akzente. Bei einer Besichtigung sollte man auf keinen Fall das sehenswerte klassizistische Grabmal für die Prinzessin Josepha Carolina verpassen, ebensowenig die überlebensgroßen Figuren der vier Evangelisten, von denen zwei einen Kirchenbrand überlebt haben. Die Fürstengruft, ist die Ruhestätte für etwa 40 Mitglieder des Wittelsbacher Herrscherhauses.

◀◀ **Hofgarten.** Gegenüber der Theatinerkirche betritt man durch das Hofgartentor – das erste Münchner Bauwerk Leo von Klenzes – die Gartenanlage. Ursprünglich ließ Kurfürst Maximilian I. einen Renaissancegarten im italienischen Stil anlegen. Nach der Zerstörung im 2. Weltkrieg vereinigte man Elemente des englischen Landschaftsgartens mit den Gestaltungsprinzipien des 17. Jahrhunderts zur heutigen Form.

Im Mittelpunkt der kreuzförmig angelegten Wege des Hofgartens steht ein zwölfeckiger Gartentempel, dessen Kuppel von einer Bronzestatue gekrönt wird. Der »Tellus Bavarica« wurde von Hans Krumper 1623 zur Allegorie für die Bayerische Erde umgestaltet. Besonders hübsch sind auch die im Innneren des Pavillons angebrachten, muschelverzierten Wandbrunnen.

◀◀ **Bayerische Staatskanzlei.** Durch die Bögen der Renaissance-Arkaden öffnet sich der Blick auf die umstrittene »Glashaus-Architektur« der neuen Staatskanzlei mit dem restaurierten Kuppelbau des ehemaligen Armeemuseums.

◀ **Arkaden** begrenzen den Hofgarten nach Westen und Norden. Im westlichen Teil wurden sie von Peter von Cornelius mit Szenen aus der Familiengeschichte der Wittelsbacher bemalt. Die nördlichen Arkaden beherbergen das 1910 eingerichtete Deutsche Theatermuseum. Im Sommer werden die breiten umlaufenden Kieswege vor den Arkaden von Boulespielern bevölkert, die bei einem Glas Rotwein das eine oder andere »Match« friedlich ausfechten.

◀ **Musik** im Pavillon. Häufig finden hier spontane Konzerte statt. Tanzbegeisterte kommen an lauen Sommerabenden regelmäßig hierher, um zu Salsa- oder Tangomusik das Tanzbein zu schwingen.

◀ Die **Bepflanzung** wird nach Originalplänen aus der Mitte des 19. Jahrhunderts gestaltet. Der Hofgarten ist eine Oase, in die Touristen und Münchner gerne vor der Hektik der Innenstadt fliehen.

◀ **Residenz.** Die »Neuveste« war seit dem späten Mittelalter bis zum Jahr 1918 der Herrschersitz der Wittelsbacher. Am Ende des 13. Jahrhunderts wächst die Stadt um die bisherige Burg so stark, dass ab 1363 mit der Anlage einer viereckigen Wasserburg begonnen wird, aus der sich im Laufe von fünf Jahrhunderten eine der größten und prächtigsten Hofanlagen Europas entwickelt. Ein Rundgang durch die vielgestaltigen Innenhöfe lohnt sich.

Das **Cuvilliéstheater** wurde 1753 eingeweiht und hat eine buchstäblich »bewegte« Geschichte hinter sich: Seit 1958 befindet sich das bestens erhaltene Rokokotheater im so genannten Apothekerstock der Residenz, nachdem es 1943 aus dem Gebäude des heutigen Neuen Residenztheaters ausgebaut und evakuiert worden war.

▼ Das **Antiquarium** ist eine Perle der Renaissance-Architektur: Der 1571 fertiggestellte reichhaltig ausgestattete Raum ist mit über 60 Metern Länge der größte weltliche Renaissancesaal nördlich der Alpen.

▼ **Antike Skulpturen** aus der herzoglichen Sammlung reihen sich in den Wandnischen. Sie sind der Grundstein der umfassenden Sammlungen der späteren bayerischen Könige.

▼▼ Die **Fassade** des Königsbaus offenbart sich bei näherem Hinsehen als Fassadenmalerei. Typisch für Renaissancebauten, wird so versucht durch die geometrische Ordnung der Fassade dem Herrschaftswillen des absoluten Monarchen Ausdruck zu verleihen.

▼▼ Der **Königsbau der Residenz**, vom Max-Josephs-Platz aus gesehen, mit der Statue des Regenten im Vordergrund. Der nach florentinischem Vorbild gestaltete Wohnpalast Ludwig I. wurde 1835 fertiggestellt.

◀◀ **Brunnenhof der Residenz.** Bei günstiger Witterung kann man hier Sommerkonzerte in traumhaftem Ambiente genießen. In der Mitte des Hofes befindet sich seit 1611 der Wittelsbacher Brunnen. Um die zentrale Figur Otto von Wittelsbachs gruppieren sich vier Flussgötter (Donau, Lech, Isar und Inn) sowie vier stehende Götterfiguren für die vier Elemente, Erde, Feuer, Wasser und Luft.

◀ **Ruhepause** nach einem Rundgang durch das Residenzmuseum. Die Fülle der Exponate und Räumlichkeiten ist so umfangreich, dass vormittags und nachmittags verschiedene Touren durch das Museum angeboten werden. Auf keinen Fall kann man so die Apartements der Königinnen und Könige, die Nibelungensäle, das Antiquarium, die Päpstlichen und die Reichen Zimmer, das Stein- und das Trierzimmer verpassen. In der Schatzkammer sind die »Hauß clainodes« der Wittelsbacher, Kronjuwelen, Porzellan und Kunstgegenstände, auch Reliquien und auch exotische Sammelstücke zu sehen. Ein Sonnenbad und die Kunststücke der Skateboarder und Inlineskater vor und auf der Freitreppe der Bayerischen Staatsoper entspannen müde Museumsbesucher.

◀ **Skyline.** Besonders bei Nacht wird das italienische Flair der Münchner Altstadt spürbar. Im Vordergrund die Fassade des Brunnenhofes über die sich die Türme der Theatinerkirche malerisch in den Nachthimmel recken.

◀ **Münchner Klassizismus.** Das Palais Ludwig Ferdinand im Hintergrund und das ehemalige Odeon rechts. Im frühen 19. Jahrhundert bis in die Mitte des 20. Jahrhunderts war hier ein Konzert- und Ballsaal, der für seine Akustik berühmt war. Zwischen dem Odeon und dem nahezu identischen spiegelbildlich angeordneten Palais Leuchtenberg steht das Reiterstandbild König Ludwigs I. Im Sockel befinden sich vier allegorische Figuren: Kunst, Religion, Poesie und Industrie.

Schönen Sommer

So$_2$mmer

◄◄ **Karlstor.** Eingang zur heutigen Fußgängerzone. Man kann sich kaum vorstellen, dass sich durch die Straße vom Karlsplatz zum Marienplatz einmal der gesamte Verkehr durch die Innenstadt gequält hat. Das Karlstor wurde bereits 1302 erstmals urkundlich erwähnt und wurde im 15. Jahrhundert zu einer typischen »Torburg« mit zwei vorgeschobenen Türmen und dem Wehrhof ausgebaut.

◄◄ **Karlsplatz.** Der Platz wurde 1791 von Kurfürst Karl Theodor angelegt, als die Stadtbefestigung aufgelassen wurde und die Stadterweiterung begann. Im Volksmund heißt der Platz »Stachus«, was auf den Wirt Eustachius Föderl zurückgeht, der hier die »Wirtschaft zum Stachus« betrieb. Der bekannte Stachusbrunnen wurde 1970 im Zuge der Einrichtung der Münchner S-Bahn für die Olympischen Spiele 1972 angelegt. Im Winter findet hier eine transportable Eislaufbahn ihren Platz, auf der die Münchner auch im vorweihnachtlichen Einkaufsstress ihre Runden ziehen.
Im Bildhintergrund sieht man den im Stil des Historismus gestalteten neubarocken Bau des Münchner Justizpalastes.

◄ **Maximilianshöfe.** Die neu gebauten Höfe vernetzen den gläsernen Restaurant- und Bürokomplex und die neue Probebühne der Oper mit den umgebenden historischen Gebäuden und schaffen so moderne und luxuriöse Stadterlebniswelten.

◄ Die **Maximilianstrasse.** Vom Max-Joseph-Platz am Nationaltheater vorbei bis über die Isar zum Maximilianeum hin, zieht sich die großstädtische Prachtstraße. In den edlen Restaurants, Nobelboutiquen und Luxushotels kann man schon mal einem prominenten Zeitgenossen über den Weg laufen.

◄ **Dallmayr.** Feinkost und Delikatessen mit beinahe 300-jähriger Tradition. Der frühere Hoflieferant lockt heute jährlich fast 1,5 Millionen Besucher und Kunden in sein opulentes Schlaraffenland.

ANNO DOMINI

◄◄ **HEILIG-GEIST-KIRCHE.** Am nord-östlichen Ende des Viktualienmarkts wacht die ursprünglich gotische Kirche mit ihrer reizvollen Neubarockfassade über die Buden und Standerl des Viktualienmarktes. Bereits ab dem 13. Jahrhundert gab es an dieser Stelle ein Haus für Pilger und ein Spital mit einer Spitalkirche. Ihre heutige Gestalt erhielt die Kirche durch Barockisierung und Modernisierung und den Wiederaufbau nach 1946. Während der Säkularisierung wurde überlegt, aus der Kirche ein Kaufhaus zu machen, von dieser Idee rückte man dann jedoch glücklicherweise wieder ab.

◄ Die Bezeichnung »**VIKTUALIENMARKT**« kommt von dem alten Wort für Lebensmittel, den »Victualien«. Per Dekret Königs Max I. Joseph wurde der Markt 1807 vom heutigen Marienplatz auf das Gelände des Heiliggeistspitals verlegt. Heute nehmen die Marktstände und der zentrale Biergarten ein etwa 20 000 qm großes Areal ein, das im Südwesten durch die wieder aufgebaute »Schrannenhalle« begrenzt wird. Hier werden kulinarische Leckereien, aber auch musikalisches Programm geboten. In den Gässchen zwischen den Marktständen wurden Brunnen mit Figuren von Münchner Originalen aufgestellt, man begegnet Volksschauspielern und Sängern wie z. B. Karl Valentin. Östlich des Viktualienmarkts spaziert man durch Alt-Münchner Gassen und kann den Weinstadl (das älteste Haus der Stadt) besuchen.

◄ **MARKTSTÄNDE.** Feinschmecker und Gesundheitsbewusste finden eine unendliche Vielfalt an frischem Obst und Gemüse, aber auch Fleisch, Fisch, Käse- und Wurstspezialitäten, Blumen und Wein kann man hier kaufen. Ein nettes Gespräch und ein paar Münchner Weisheiten bekommt man meist gratis mit dazu.

◄ **EXOTISCHE FRÜCHTE** und Erdbeeren im Januar, aber auch seltene Kräuter und Gewürze sowie Regionales und Saisonales findet man in unschlagbarer Auswahl.

►► **Neues Jüdisches Zentrum** am St. Jakobsplatz. Am 9.11.2006, genau 68 Jahre nach der Reichspogromnacht, wurden in einer feierlichen Eröffnungszeremonie die Schriftrollen der Tora in einem Festzug aus der alten Synagoge in der Reichenbachstraße in die neue Hauptsynagoge »Ohel Jakob« (Zelt Jakobs) getragen. Zahlreiche Ehrengäste, Bundespräsident Horst Köhler, Vizekanzler Franz Müntefering und der Bayerische Ministerpäsident Edmund Stoiber lauschten dem Klarinettisten Giora Feidman, der Shalom Chaverim, (»Friede, Freunde«) spielte. Das Interesse der Münchner an dem neuen kulturellen Zentrum im Herzen der Stadt ist riesig, mehr als 20 000 Menschen nahmen bereits an Tagen der Begegnung teil und besichtigten die Architektur des Saarbrücker Architekturbüros Wandel Hoefer Lorch.

Im Museum, das als frei stehender Kubus mit transparentem Foyer in das Ensemble des Gemeindezentrums integriert ist, werden wechselnde Ausstellungen und die Dauerausstellung »Stimmen_Orte_Zeiten« gezeigt, die sich auf das jüdische Leben in München konzentriert.

▼ **Bürgermeister Christian Ude** sagte anlässlich der Eröffnung: »Mit dem jüdischen Zentrum auf dem Jakobsplatz nimmt eine Vision Gestalt an, gehen gleichzeitig mehrere Dinge in Erfüllung: Das glücklicherweise wieder wachsende Judentum in München erhält ein religiöses und kulturelles Zentrum im Herzen der Stadt, nicht versteckt in Hinterhöfen, sondern herausgehoben am Platz der Stadtgeschichte. Münchens hässlichste noch immer klaffende Kriegswunde in der Altstadt wird endlich – über ein halbes Jahrhundert nach Kriegsende – geschlossen.«

Charlotte Knobloch, die Präsidentin des Zentralrats der Juden und Präsidentin der jüdischen Kultusgemeinde München erhielt von Oberbürgermeister Ude symbolisch den Schlüssel für das neue Gemeindezentrum: »Die Synagoge selbst drückt das Lebensgefühl unserer Jahrtausende alten Religion ebenso aus, wie die Aufgeschlossenheit des Lebens im 21. Jahrhundert.«

◀ ASAMKIRCHE. Der Altarraum der Asamkirche wirkt wie ein verschwenderisch ausgestatteter Theatersaal, aber gleichzeitig fühlt man sich auch wie in einer mystischen geheimnisvollen Grotte. Der Hochaltar vor dem roten Stuckvorhang birgt den Glasschrein mit Reliquien des Heiligen Nepomuk. Zentrales Element des zweigeschossigen Altars ist der »Gnadenstuhl«, der den gekreuzigten Jesus in den Armen Gottvaters zeigt.

▼ SENDLINGER STRASSE. In eine schmale Lücke in der Häuserzeile der lebendigen Sendlinger Straße fügt sich das Portal der Kirche ein. Die Brüder Asam bauten zunächst eine Privatkirche im typischen »Asamstil«, der stark vom italienischen Hochbarock beeinflusst ist, aber auch Elemente aus Prag und der böhmischen Kirchenbaukunst aufnimmt. Der Kirchensockel scheint aus einem natürlichen unbehauenen Felsen heraus zu wachsen, oberhalb des Portals ist die Darstellung der Himmelfahrt des Heiligen Nepomuk. Flankiert wird die Kirche vom »Priester-Haus« und dem »Asam-Haus«, dessen Fassade eine künstlerisch-mythologische Welt darstellt.

▼ SCHRANNENHALLE. Vormals eine biedere Markthalle, nun eine gläserne Neuschöpfung die fast futuristisch anmutet.

▼▼ Acht HERMENENGEL (mit Figuren geschmückte Säulen) umgeben den ovalen Altarraum und verkörpern allegorisch Tod, Gericht, Hölle und Himmel.

▼▼ SPIEGELUNGEN. Reizvoll spiegeln sich die historischen Münchner Stadthäuser in der Glasfassade der »Schrannenhalle«, die zwischen Sendlinger Straße und Viktualienmarkt ein altes Münchner Original wiederbelebt.

▶▶ **BAYERISCHE STAATSOPER.** Die erste »Oper für alle« wurde 1818 am Max-Joseph-Platz eröffnet. Der Wiederaufbau nach einem Brand 1823 konnte durch den so genannten »Bierpfennig«, den die Stadt einbehalten durfte, bereits nach 2-jähriger Bauzeit abgeschlossen werden. In der Zeit des Baus war das Theater eines der größten Opernhäuser Europas und zugleich eines der letzten, das im klassischen Stil errichtet wurde. Der Zuschauerraum ist in festliche Rot-, Weiß- und Goldtöne getaucht. Legendär sind die Privataufführungen für König Ludwig II., der ganz allein in seiner Loge der Aufführung lauschte. Seit 1964 finden in München Opernfestspiele statt, die jährlich mit internationaler Starbesetzung Opernliebhaber aus aller Welt anziehen.

▼ **MAX-JOSEPH-PLATZ.** Im Schutz von »Papa Max« kann man während der Opernfestspiele hier auf einer Großleinwand kostenlos der Live-Übertragung einer Aufführung lauschen. Mit Picknickdecke und einer mitgebrachten Brotzeit ein gelungener Abend.

▼ Unter den **ARKADEN** am Eingang zur Maximilianstraße hat man einen Logenplatz, eine fantastische Kulisse und ein garantiert trockenes Plätzchen, sollte ein »Oper für Alle«-Abend einmal ins Wasser fallen.

▼▼ **MARSTALL-THEATER.** Die neue Spielstätte des Bayerischen Staatsschauspiels hat einiges zu bieten, exquisite Lage und junges Theater.

Die Münchner Theaterszene ist sehr lebendig. Neben den Kammerspielen, dem Bayerischen Staatsschauspiel und dem Münchner Volkstheater gibt es viele private Bühnen, deren Produktionen das Publikum berühren, bewegen und begeistern.

ACHTUNG

EURO STAR
POLYP
ENBRAU
ARMBRUSTSC

◀ »Ozapft is!« auf dem Oktoberfest in München, dem größten Volksfest der Welt. Mit diesen Worten eröffnet traditionell der Münchner Oberbürgermeister die Gaudi, die sechs Millionen Feierwütige in jedem Jahr auf die Theresienwiese strömen lässt. Anlässlich der Vermählung des Kronprinzen Ludwig mit der Prinzessin Therese Charlotte Luise von Sachsen-Hildburghausen stiftete König Max I. Joseph 1810 ein jährlich stattfindendes »Theresenfest« auf der »großen Wiese bei Sendling«. Die Tradition der Oktoberfeste in Bayern ist allerdings deutlich älter, man feierte, um das eingelagerte Märzenbier vor Beginn der neuen Brausaison aufzubrauchen. Das erstes Karussell drehte sich 1818 auf der Festwiese. Bereits im 19. Jahrhundert wurde der Beginn des Festes in die meist sonnigeren und wärmeren Septemberwochen vorverlegt – traditionell am Samstag nach dem 15. September.
Seit 2005 versucht das Oktoberfest wieder mehr Familien mit Kindern anzuziehen, neben den Familientagen, mit reduzierten Preisen, darf bis 18.00 Uhr nur traditionelle Blasmusik in den Zelten gespielt werden, aber auch die Besucher besinnen sich wieder verstärkt auf die Traditionen, man sieht seit ein paar Jahren wieder deutlich mehr Lederhosen und Dirndl und die Trachtengeschäfte in München verzeichnen stattliche Umsatzzuwächse.

▼ Hoch ragt die **Bavaria** in den weißblauen Himmel. Im Auftrag von König Ludwig I. wird die Patronin Bayerns in den Jahren 1843 bis 1850 zusammen mit der Ruhmeshalle am Rande der Theresienwiese errichtet. Es ist die erste gänzlich aus Bronze gegossene Kolossalstatue im 19. Jahrhundert – ein statisches Meisterwerk. (Höhe einschließlich Sockel ca. 30 m) Die Bavaria ist als klassische Amazone dargestellt, mit Lorbeerkranz, Eichenlaub, einem Schwert und dem ihr zu Füßen sitzenden Löwen. Über eine Wendeltreppe kann man eine Plattform im Kopf der Figur besteigen, um von dort einen weiten Blick über die Theresienwiese zu genießen.

▼ **Marketenderin.** Es ist eine echte Herausforderung, sich durch die feiernden Massen in den Festzelten zu kämpfen. Im Angebot ist vom Lebkuchenherz über Plüschtiere bis zu blinkendem Kopfschmuck alles, was man als Souvenir vom Wiesnbesuch mit nach Hause nehmen kann.

▼▼ Das **Riesenrad** gibt es seit 1880 auf dem Oktoberfest. Der Blick auf die Festwiese aber auch auf die Stadt München ist unvergleichlich. Heute sind Attraktionen wie die 5er-Looping-Achterbahn sehr gefragt, aber auch das traditionelle »Teufelsrad« oder der Flohzirkus sind weiter sehr beliebt.

▼▼ Am **Familientag** blickt auch die Bavaria milder und weniger streng auf die Wiesnbesucher.

▶ In den **Festzelten** wird 2 Wochen lang auf den Tischen getanzt. Seit 1880 der Bierverkauf erlaubt wurde, wichen die ursprünglichen Bierbuden über die Jahre den riesigen Festzelten, die für ca. 10 000 Gäste Platz bieten. Das Bier wird jedes Jahr speziell für den Wiesnausschank gebraut.

Pschorr Bräurosl

◄◄ SCHUHPLATTLER. Traditionelle Tänze und stramme Wadeln kann man während des Trachtenumzugs in der Münchner Innenstadt bewundern. Der Tanz stammt aus der Mitte des 19. Jahrhunderts, aber schon deutlich früher hatten sich aus dem ursprünglichen Landlertanz erste Formen des Schuhplattlers entwickelt. In der Ritterdichtung »Ruodlieb« (um 1050) wird ein Tanz beschrieben, der dem heutigen Tanz in Gesten und Bewegungen zumindest schon sehr ähnlich sieht. Der Plattler ist ein klassischer Tanz zur Brautwerbung, bei dem die Burschen die Mädchen mit ihren akrobatischen Kunststücken beeindrucken. Gemeinsam wurde dann Walzer getanzt.

◄ TRACHTENUMZUG. Zu Ehren der Silberhochzeit von König Ludwig I. von Bayern und seiner Gemahlin Therese von Bayern fand zum ersten Mal in München ein großer Trachtenumzug statt. Seit 1950 wird er jährlich als Höhepunkt des ersten Wiesnwochenendes zum Festauftakt veranstaltet. Am ersten Sonntag ziehen unter lautem Jubel der Schaulustigen, die sich an den Straßenrändern drängen, etwa 9000 Mitglieder von Trachtenvereinen in ihren farbenprächtigen Festtagstrachten vom Maximilianeum die sieben Kilometer lange Strecke bis zur Theresienwiese.

◄ SPIELMANNSZÜGE, SCHÜTZENVEREINE, Fahnenschwinger und an die 40 festlich geschmückte Pferdegespanne, die mit Bierfässern beladen sind, machen die Münchner Prachtstraßen zur Bühne. Die Vereine und Gruppen, die größtenteils aus den bayerischen Regionen, aber auch aus Österreich, der Schweiz, Italien und sogar aus Norwegen kommen, lassen sich diesen Volksfestauftakt nicht entgehen.

◄ BLASMUSIK. Am 2. Wiesnsonntag findet jedes Jahr das größte Blasmusikkonzert der Welt statt. Die etwa 300 Musiker der Festzeltkapellen treffen sich am Fuß der Bavaria und spielen traditionelle Melodien für die Wiesnbesucher.

◄◄ Die Münchner lieben ihren ENGLISCHEN GARTEN, er ist das mit Abstand beliebteste Naherholungsgebiet. Die Anregung für den Landschaftspark im englischen Stil gab Graf Rumford. Kurfürst Karl Theodor konnte sich für die Idee eines »Volksgartens« erwärmen, und so gestaltete Friedrich von Sckell – der berühmteste Gartenkünstler seiner Zeit – ab 1789 einen der frühesten und bedeutendsten Landschaftsparks auf dem Kontinent, der noch heute eine der größten innerstädtischen Grünanlagen in Europa ist.
Im Juli kann man am Chinesischen Turm ein ungewöhnliches Spektakel beobachten. Sonntags, spätestens ab 6.00 Uhr treffen sich Tausende Münchner auf der Tanzfläche des Biergartens, um hier den »Kocherl-Ball« mit Volkstanz und einem kühlen Bier zu feiern. Früher kam das Dienstpersonal zusammen, um ausgelassen zu feiern, daher auch der Name »Kocherl«. Auch heute endet die fröhliche Feier traditionell um 10.00 Uhr

◄ FREIZEIT. Mit seiner Ausdehnung – er umfasst bei einer Länge von 5,3 Kilometern eine Fläche von etwa 417 Hektar bietet der Park genug Raum für Freizeitaktivitäten vom Jogging und Picknick bis zum Nacktbaden am Eisbach.

◄ KLEINHESSELOHER SEE. Im Sommer kann man zu einer romantischen Ruderbootfahrt in den See stechen, um anschließend in den traumhaft am Seeufer gelegenen Biergarten am Seehaus einzukehren. Viele Münchner begrüßen hier die ersten Sonnenstrahlen im Frühjahr.

◄ MULTI-KULTI. Sommer in München von seiner schönsten Seite: Karibische Klänge im Englischen Garten machen Laune. Der Monopteros hat schon häufig die Bühne für spontane Freiluft-Partys geboten.

▶ Der **Biergarten** am Chinesischen Turm ist ein beliebter Treffpunkt für Touristen, Münchner, Alt und Jung. Mit seinen 7000 Sitzplätzen ist er nach dem »Hirschgarten« der zweitgrößte Biergarten in München. Bei gutem Wetter sorgt eine Blasmusikkapelle täglich für die zünftige Atmosphäre.

▶ Der **Eisbach** tritt ganz in der Nähe des »Hauses der Kunst« am südlichen Ende des Englischen Gartens an die Oberfläche. Durch eine steinerne Stufe an der Stelle, an der das Wasser aus dem Untergrund ans Tageslicht schießt, und durch die schnelle Fließgeschwindigkeit und die großen Wassermenge wird eine etwa einen halben Meter hohe Welle erzeugt. Die »Eisbach-Surfer« aber manchmal auch Kanufahrer nutzen sie, um im kalten Wasser Kunststücke zu vollführen, die von den Zuschauern heftig beklatscht werden.

▶ **Stadtpanorama.** Die kleine künstliche Erhebung auf der der »Monopteros« steht, reicht aus, um in der sommerlichen Mittagszeit einen Schattenriss der Münchner Altstadtsilhouette präsentiert zu bekommen. Im Westen die prägnanten Türme der Frauenkirche, im Osten die Staatskanzlei mit ihrer Kuppel.

▶▶ **Chinesischer Turm.** Die fünfstöckige hölzerne Aussichts- und Musik-Pagode wurde 1798/90 nach Entwürfen des Architekten Joseph Frey erbaut, orientiert hat er sich an der Vorliebe der Zeit für das Exotische. Vorbild ist die Londoner Pagode im Kew-Garden. Der benachbarte Spielplatz bietet ein hübsches altmodisches Kinderkarussell im Stil der Biedermeierzeit. Im Winter findet um den Turm ein zauberhaft ruhiger Christkindlmarkt statt.

▶▶ Der **Monopteros** zaubert das klassizistische Flair römischer Tempel in den Englischen Garten. Die zehn steinernen Säulen tragen die reich bemalten Dachbalken und das hölzerne kupfergedeckte Dach. Ruhe findet man allerdings auf dem romantischen Hügelchen nur selten.

◀ Blick von **Schwabing** nach München. Lange Zeit nur ein Dorf vor der Stadt – hinter dem »Schwabinger Tor«, das an der Stelle des heutigen Odeonsplatzes stand – wird Schwabing 1886 zur Stadt erhoben und bereits 1890 eingemeindet. Schwabing war zur Zeit des Übergangs vom 19. zum 20. Jahrhundert die Brutstätte der modernen Kunst, hier entwickelte sich die berühmte Bohème. Schwabing kochte förmlich über vor Talent und Aufbruchstimmung. Dichter wie Franz Wedekind, Joachim Ringelnatz und Thomas Mann und die Zeitschrift »Simplicissimus«; die Maler Paul Klee, Gabriele Münter und Franz Marc und die Bewegung der »Blaue Reiter« prägten diesen liberalen Geist.

▼ Das **Dorf Schwabing** bestand ursprünglich aus wenigen, verstreut gelegenen Höfen und einer Mühle, 1468 gab es nur einen ganzen Hof, zwei halbe Höfe und 14 Söldnergütl.

▼ **Hohenzollernstrasse.** Im Westen Schwabings wurden Mitte des 19. Jahrhunderts die ersten Häuser gebaut. In Schwabing sollten die Straßen nicht nach einem Rechteckrasterprinzip angelegt werden, gekrümmte Straßen sollten den Stadtteil elegant und aufgelockert wirken lassen. Heute ist hier eine beliebte Einkaufsstraße.

▼▼ **Münchner Freiheit.** Der frühere Feilitzschplatz erinnert an die Widerstandsgruppe »Freiheitsaktion Bayern«, die 1945 zur Kapitulation vor den amerikanischen Truppen und zum Widerstand gegen die verbliebenen NS-Truppen aufrief.

▼▼ Der Begriff **»Jugendstil«** kam durch die in München herausgegebene Zeitschrift »Die Jugend« auf. Jugendstildetail über der Hofeinfahrt eines Hauses in der Römerstraße.

▶ Der Eingang der **Staatsbibliothek** wird von vier steinernen Bildnissen flankiert: dem Dichter Homer, dem Philosophen Aristoteles, dem Geschichtsschreiber Thukydides und dem Arzt Hippokrates – mancher Münchner bezeichnet sie respektlos als die »vier heiligen drei Könige«. Das heutige Gebäude wurde 1843 fertiggestellt und beherbergt als eine der großen Bibliotheken Deutschlands etwa 9 Mio. Bände und eine der wichtigsten Handschriftensammlungen der Welt. Seit 1663 muss von jedem in Bayern gedruckten Buch ein Exemplar hier abgegeben werden.

▶ Brunnen vor dem Hauptgebäude der **Ludwig Maximilians Universität** am Geschwister-Scholl-Platz. Münchens Ruf als Universitätsstadt gründet auf den mehr als zehn Hochschulen, die hier ansässig sind und die unübersehbare Masse an Studenten, die das Stadtleben besonders in Schwabing prägen und bereichern.

▶▶ Das **Siegestor** bildete den nördlichen Abschluss der klassizistischen »Via triumphalis« Ludwigs I. Der Konstantinsbogen in Rom war Vorbild für die drei Bogen des Tors, das von einer Bavaria, vor deren Wagen vier Löwen gespannt sind, gekrönt wird. Im 2. Weltkrieg wurde das Tor schwer beschädigt, nach dem Krieg wurde nur die Nordseite vollständig restauriert, die Südseite wurde nur stabilisiert und die Inschrift: »Dem Sieg geweiht, im Krieg zerstört, zum Frieden mahnend« angebracht. Die Grenze der Stadt stellen heute eher die Bürotürme der Highlight-Towers im Norden Schwabings dar, die mit dem Odeonsplatz, der Ludwigstraße, dem Siegestor, der Leopoldstraße und der Münchner Freiheit eine Linie bilden.

ZUM FRIEDEN MAHNEND

STYLISH
CITY HAIR
GISELA-APOTHEKE

◀◀ Die **Leopoldstrasse** säumen nicht nur Touristencafés, Kinos und Fast-Food-Restaurants, auch die Besucher der Mensa der LMU und der sich bis hierher erstreckenden wissenschaftlichen Institute sorgen hier Tag und Nacht für reiches Leben.

◀◀ **Simplicissimus.** Die rote Bulldogge des Zeichners und Herausgebers Th. Th. Heine zerriss ursprünglich als Wappentier der gefürchteten satirischen Münchner Wochenzeitschrift »Simplicissimus« von 1896 die Ketten der Zensur, seit 1903 öffnet sie als Logo der Schwabinger Künstlerkneipe »Alter Simpl« mit scharfen Zähnen Sektflaschen. Hier ließ sich offenbar eine Schwabinger Designerin zu einer friedlicheren Aussage inspirieren.

◀ **Boutiquen.** Etwas abseits der Leopoldstraße ist Schwabing doch immer noch ein wenig unkonventioneller als die meisten anderen Stadtviertel, das sieht man an den vielen Ateliers, Labels, Studios und den mit viel Liebe zum Detail ausgestatteten kleinen Läden und Boutiquen. Hier wird innovative Mode, Handwerk, Kunst und Design jenseits des Mainstreams angeboten.

◀ **»Monaco-Franze«.** Vor dem gleichnamigen Café an der Münchner Freiheit ist eine Statue von Helmut Fischer (er spielte den ewigen Stenz »Monaco-Franze« in der bekannten 1980er-Jahre-Fernsehserie von Helmut Dietl) zu bewundern. Ein echtes Schwabinger und Münchner Original mit einem Schlag bei Frauen, der sich mit viel bayerischem Charme durchs Leben laviert.

◀ **Seidlvilla.** Nach einer wechselvollen Geschichte wird die Gründerzeit-Villa im Stil deutscher Renaissance mit Jugendstil-Elementen seit 1991 als Bürgerzentrum für soziale und kulturelle Zwecke genutzt – es ist ein echtes »Haus für Schwabing«.

▼ Die 17 Meter hohe Figur **Walking Man** des amerikanischen Künstlers Jonathan Borofsky vor dem Geschäftsgebäude der Münchner Rückversicherung ist seit 1995 neues Schwabinger Wahrzeichen. Eigentlich muss man zwischen den Beinen des Riesen hindurchgehen, wenn man das Gebäude betreten möchte, viele Besucher machen aber lieber einen Umweg.

▼ **Schickeria.** Die Leopoldstraße gilt nach wie vor als Catwalk. In den Sommermonaten wird hier das berühmte Sehen-und-gesehen-werden-Spielchen gespielt und Sportfans halten hier ihre Autocorsos ab. An zwei Wochenenden im Jahr gibt es den »Corso Leopold«, der in den letzten Jahren bis zu 500 000 Besucher anlockte.

▼▼ Der Neubau der **Kunstakademie** gehört eigentlich zum Stadtteil Maxvorstadt, wird gerne Schwabing zugeschlagen. Die Münchner Akademie der Bildenden Künste hatte bedeutende Studenten und Lehrer: Franz von Lenbach, Franz von Stuck, Paul Klee, Franz Marc, Wassily Kandinsky, Sep Ruf und viele mehr.

▼▼ **Neueröffnung** der Kunstakademie mit einer Ausstellung im Oktober 2005. Der moderne Erweiterungsbau der Architekten Coop Himmelb(l)au wurde durch die Gründung der »Stiftung der Kunstakademie München« möglich gemacht. Der gründlich renovierte Altbau aus dem Jahre 1886 nebenan wird zur 200-Jahr-Feier 2008 wieder eröffnet.

▶ Die **Strassencafé-Idylle** zeigt das »In-Viertel« Schwabing. Hier ist man vielleicht noch immer ein wenig unangepasster, aber der »geistige Zustand«, hat sich längst in andere Münchner Stadtteile wie das aufstrebende Westend verflüchtigt.

er frischt

◄◄ **Königsplatz mit Propyläen.** Einst als Symbol eines humanistischen Menschenbildes im Zeichen der antikisierenden Romantik von Ludwig I. erbaut, wurde das einzigartige architektonische Ensemble in der NS-Zeit als Teil einer reaktionären Utopie missbraucht. Der Königsplatz wurde Aufmarschplatz und Nazi-Gedenkstätte und sollte in dieser selbstherrlichen Form sogar weiter ausgebaut werden. Jetzt grünt nach einer Rückverwandlung des Platzes an Stelle der Granitplatten eine freundliche Rasenfläche, die wieder zum kunstsinnigen Verweilen vor den antiken Sammlungen einlädt.

◄ **Glyptothek.** Hier erfährt man, warum München auch »Isar-Athen« genannt wird. Als Teil des klassizistisch-hellenistischen Königsplatz-Ensembles beherbergt das Bauwerk nicht nur die Sammlung antiker griechischer und römischer Skuplturen des bayerischen Staates. In seinem Innenhof findet sich ein gemütliches Café und an manchen Sommerabenden wird hier Theater nach antikem Vorbild geboten. Außerdem sind die Stufen vor dem Gebäude ein fanntastischer Ort für ein gemütliches Sonnenbad.

◄ Klassizistische Säulenkapitäle der **Propyläen.** Der Torbau der Propyläen schließt den Königsplatz nicht nur geopraphisch nach Nordwesten hin ab, sondern wurde auch als letztes Bauwerk erst 1862 vollendet. Er sollte einen Abschluss der Stadt nach Westen darstellen auf dem Weg des Königs von der Residenz über die Briennerstraße, den Karolinenplatz weiter bis nach Nymphenburg. Er ist ein Denkmal des Philhellenismus.

◄ **Antikensammlung.** Die Staatlichen Antikensammlungen (wie auch die Glyptothek) waren von Anfang an als Museums- und Ausstellungsbauten für eine große Öffentlichkeit konzipiert worden. So gelang es dem bayerischen König, eine besonders kunst- und kultursinnige Epoche für München einzuläuten.

Rund um den Königsplatz

▼ Die **Alte Pinakothek** ist die älteste der drei Münchner Pinakotheken und zum Zeitpunkt ihrer Errichtung das größte Museum seiner Zeit. Und weil das so ist, beherbergt sie bedeutende Kunstwerke und eine der wichtigsten Gemäldegalerien mit Werken vom Mittelalter bis in die Mitte des 18. Jahrhunderts.

▼ **Malerei.** Schwerpunkt sind dabei die altdeutsche, aber auch die niederländische und italienische Malerei von alten Meistern wie Dürer, Rembrandt oder Rubens. Hier hängt die »Alexanderschlacht« von Albrecht Altdorfer.

▼▼ **Open Air.** Im Sommer wird der Königsplatz zur Kulisse für den besonderen Konzertgenuss. Eingerahmt von Antikensammlung und Glyptothek, auf Picknickdecken und Konzertklappstühlchen, bei kühlen Getränken und lauer Abendluft kann ein begeistertes Publikum außerdem jede Menge Romantik und Action auf der Großleinwand des alljährlichen Kino-Open-Air genießen, bei dem die großen Klassiker ebenso wie aktuelle Blockbuster gezeigt werden.

▶ **Lenbachhaus.** In der äußerst italienisch anmutenden Villa des damals als »Malerfürst« geltenden Franz von Lenbach (1836–1904) befindet sich neben vielen Kunstwerken von Münchner Künstlern des 19. Jahrhunderts vor allem die international berühmte Kunstsammlung »Blauer Reiter« mit Werken von Franz Marc, Wassily Kandinsky, Gabriele Münter, Paul Klee, Marianne von Werefkin oder August Macke. Zum Haus gehört auch der »Kunstbau« im U-Bahn-Zwischengeschoss, der als weiterer Ausstellungsraum für Ausstellungen von Tendenzen und Künstlern des zeitgenössischen internationalen Kunstgeschehens genutzt wird.

you can imagine the opposite

◄◄ **Rotunde** der Pinakothek der Moderne. Von außen wirkt der Bau der neuesten der Pinakotheken eher unspektakulär fast zurückhaltend, im Inneren aber entsteht durch die zweischalige gläserne Rotunde, die den zentralen Eingangsbereich des Museums überspannt, ein lichtdurchflutetes Gefüge aus Räumen, Treppen und Passagen. Licht und Raum verbinden sich im Obergeschoss zu spektakulären Ausstellungsflächen für die Werke der klassischen Moderne der »Staatsgalerie moderner Kunst«. Hier werden die Meisterwerke von Klee, Beckmann, Picasso und Dali präsentiert. Von dem architektonischen Zentrum der Kuppel aus führen zwei große Treppenanlagen weiter zu den vier Sammlungen, die in dem Haus vereint wurden. Der Bau wurde zunächst kontrovers diskutiert, hat sich aber mittlerweile etabliert und wird international sogar als Raumkunst anerkannt. Der Architekt Stephan Braunfels hat das Gebäude entworfen, das zu großen Teilen durch private Spenden finanziert wurde.

◄ **Führung** durch die Ausstellung. Die neueste der Münchner Pinakotheken wurde im Jahr 2002 eröffnet und hat vier Schwerpunkte, die Präsentation von Kunst und Künstlern der Moderne, die Geschichte des Designs, die Graphik und die Architektur. Unter einem Dach führt sie dem Besucher in einer einzigartigen Konstellation die verschiedenen Bereiche der darstellenden Kunst und deren spannende Beziehungen vor Augen.

◄ **Die Neue Sammlung – Staatliches Museum für angewandte Kunst.** Im Eingangsbereich ein überdimensionaler Setzkasten mit einer Auswahl der Ausstellungsschwerpunktre vom Beginn der Moderne um 1900 bis in die Gegenwart. In der Abteilung Fahrzeugbau organische Designstudien von Luigi Collani oder den Tatra 87; hier sieht man Alltagsgegenstände, Schmuck- und Möbeldesign und einen Überblick über die »Computer Culture«.

▼ **Mercedes-Center.** Am Schnittpunkt der Verkehrsströme von Bahn und Mittlerem Ring, direkt an der Donnersberger Brücke, liegt die neue lichtdurchflutete Mercedes-Benz-Welt. Täglich fahren etwa 175 000 Autos an dem als »größtes Schaufenster der Welt« betitelten architektonisch aufwändigen Bau (2003 eröffnet) vorbei. Die 145 Meter lange, nachts beleuchtete Glasfassade, hinter der auf allen Stockwerken Automobile zu sehen sind, und der weithin die Stadtsilhouette bestimmende Turm mit seinem sich drehenden Mercedesstern an der Spitze soll natürlich Emotionen auslösen. Fast führte er jedoch zum Streit mit der Stadtverwaltung, die versucht, die Stadt von Werbeüberflutung, wie beispielsweise in London oder New York, frei zu halten. Dabei weist das Ganze ein höchst modernes Konzept der Transparenz auf, das Einblick in alle Funktionsbereiche eines der wichtigsten Industriezweige Deutschlands gewährt: Es umfasst eine Ausstellungshalle und den Fahrzeugauslieferungsbetrieb, eine von außen komplett einsehbare Servicezentrale (»Gläserne Werkstatt«), ein Bistro, auch eine automobilgeschichtliche Ausstellung und wechselnde Kunstausstellungen. Somit ist das Mercedes-Center ein Teil des Versuches, die immensen in München vom Bahnrückbau freigegebenen Flächen sinnvoll zu nutzen.

▶ **Highlight Towers.** Das geographische Pendant zum Mercedes-Center am nördlichen Rand des Mittleren Ringes bildet der 2004 durch das Architekturbüro Murphy/Jahn, Chicago, fertiggestellte Komplex der »Highlight Towers« in Schwabing. Die zwei 113 und 126 Meter hohen und durch Brücken aus Glas und Stahl miteinander verbundenen Bürotürme gehören zu den höchsten Gebäuden Münchens und bilden als neues Wahrzeichen der Stadt ihr nördliches Eingangstor. Sie liegen in einer Sichtachse mit dem Siegestor und dem Odeonsplatz.

◀ Die **Zeltdachkonstruktion** ist das Highlight der Olympiaparkarchitektur. Zur Zeit ihrer Errichtung war sie eine optische und statische Sensation. Die 74 800 qm große, hängende Konstruktion besteht aus durchsichtigen Acrylglasplatten und überspannt die Hauptwettkampfstätten. Symbolisch sollte die Leichtigkeit des Dachs den Aufbruch der Welt in die Zukunft darstellen. Im Sommer kann man bei »roof top Touren« das Dach über dem Olympiastadion besteigen.

▼ **Olympiahalle und Olympiastadion.** Heute finden hier kulturelle Großveranstaltungen statt: Robbie Williams oder die Rolling Stones treten hier auf. Die BMW-Gebäude im Hintergrund sind eine reizvolle Fortführung der Olympiapark-Architektur. Im Frühjahr 2008 soll hier das neue BMW Museum seine Pforten für die Besucher öffnen.

▼▼ Der **Olympiapark** wurde auf dem ehemaligen Flughafen »Oberwiesenfeld« angelegt, das Gelände passte wunderbar in das Konzept der kurzen Wege und der »Spiele im Grünen«. München bekam nicht nur den Park, sondern auch die U-Bahn.

▼ Der **Fernseh- und Funkturm** wurde bereits geplant, bevor München als Austragungsort der Olympischen Sommerspiele feststand, wurde aber angepasst. Der Turm erhielt zwei Kanzeln, die untere trägt die Fernmeldeeinrichtungen, die obere in 182 Metern Höhe die Aussichtsplattform und ein Drehrestaurant, das sich in einer knappen Stunde einmal um die Turmachse dreht. Von oben hat man einen wunderbaren Blick auf den Park und die Sportstätten. Bei gutem Wetter liegt einem ganz München und das Voralpenland zu Füßen.

▼ »**Die Welt zu Gast bei Freunden**«. Fans aus aller Welt pilgern in die Allianz Arena, um eines der Vorrundenspiele der Fußballweltmeisterschaft zu sehen. Durchschnittlich 52 500 Zuschauer waren bei jedem der Spiele, das ist rekordverdächtig.

▼▼ **Die Beleuchtung** der Außenhaut der Münchner Allianz-Arena kann für jedes einzelne der Kissen wahlweise in Weiß, Blau oder Rot gewählt werden. So kann man bereits aus der Ferne sehen, für welche der Münchner Mannschaften gerade angepfiffen wird. Bei extrem niedrigen Kosten für die Beleuchtung wird eine so enorme Leuchtkraft erreicht, dass das Stadion in klaren Nächten noch von österreichischen Berggipfeln aus über 75 Kilometer Entfernung deutlich sichtbar ist.

▼▼ **Fanmeilen.** Das Eröffnungsspiel der WM zwischen Costa Rica und der DFB-Mannschaft wollten geschätzte 300 000 Menschen live vor Ort in München sehen. Der Ansturm war so gewaltig, dass die im Olympiapark eingerichtete Fanmeile zeitweise wegen Überfüllung geschlossen wurde und keine weiteren Fans mehr in den Olympiapark durften.

▶ **Allianz Arena.** In einer Bauzeit von nur etwa 30 Monaten entstand im Münchner Norden ein supermodernes neues Fußballstadion, in dem die beiden Münchner Vereine »FC Bayern München« und »1860 München« seit der Saison 2005/2006 ihre Heimspiele in der Bundesliga abhalten. Der Stadionbau fasziniert vor allem durch die Konstruktion der Außenhülle, die aus 2760 Folienkissen besteht, deren Folie nur 0,2 mm dick ist. Zur WM war der Werbeschriftzug unerwünscht und wurde zu Kunst umfunktioniert und auf dem »Haus der Kunst« ausgestellt.

215-216 →
108-109

WINDMESSER

◄◄ Das DEUTSCHE MUSEUM ist das meistbesuchte Museum Deutschlands und eines der bedeutendsten naturwissenschaftlichen und technischen Museen weltweit. 1925 wurde der Gebäudekomplex auf der Museumsinsel zwischen Cornelius- und Ludwigsbrücke eingeweiht. Oskar von Miller hatte die klare Vorstellung, dass das Museum die Ausstellungsobjekte erlebbar machen sollte, der Besucher sollte selbst aktiv in die Ausstellung eingreifen können. Die Erlebnisausstellungen reichen vom Bergbau über die Schifffahrt bis zur Starkstromtechnik (der Faradaysche Käfig ist bei Museumsbesuchern besonders beliebt). Seit der Grundsteinlegung 1906 wächst und verändert sich das Museum laufend. Beispielsweise wurde 1993 der Kongresssaal zum »Forum der Technik« umgebaut, 2002 wurde das »Kinderreich« eröffnet, 2004 zog das »Verkehrszentrum« auf die Theresienwiese um. Die $45\,000\ m^2$ Ausstellungsfläche sollte man nach eigenen Interessensschwerpunkten erobern.

◄ MUSEUMSTURM. An der Südwestecke des Museumskomplexes liegt der 68 Meter hohe metereologische Turm mit Thermometer und Barometer (Nordseite), Windmesser (Südseite), Hygrometer (Ostseite). Daneben die Hauptsternwarte und im Obergeschoss des Eingangsbereichs das Zeiss Planetarium.

◄ PHARMAZIEABTEILUNG. Das begehbare Modell einer menschlichen Zelle ist der Mittelpunkt und raumbeherrschende Blickfang der Ausstellung. Hier bekommt der Besucher fantastische Einblicke in die biochemischen Prozesse innerhalb der Zellen. Die Ausstellung reicht von der Darstellung von Herz-Kreislauf-Erkrankungen über die Schmerzbekämpfung bis zu den Prozessen der Empfängnisverhütung sowie der Herstellung von Arzneimitteln.

◄ FOUCAULTSCHES PENDEL. Im Hauptturm des Museums. Mit der Versuchsanordnung gelang es Foucault 1851 auf einfache Weise die Erdrotation nachzuweisen.

▶ Die **Isar** wird aus den Bayerischen Alpen und dem Karwendel gespeist und mündet in die Donau, ihre Quellen liegen im Hinterautal in Österreich. Seit Mai 2000 wird die Isar in Teilabschnitten renaturiert, das Flussbett wird erweitert, die Ufer abgeflacht, Kiesinseln und Sohlrampen werden angelegt, um der Isar wieder ihren ursprünglichen Charakter eines Gebirgsflusses zurückzugeben. Das alles bewirkt nicht nur verbesserten Hochwasserschutz, sondern auch eine deutliche Qualitätssteigerung der Isar als Naherholungsgebiet für die Münchner.

▼ **Nordic Walking** entwickelt sich immer mehr zum Massenphänomen, die steckenschwingenden Sportler bevölkern an schönen Tagen in ganzen Rudeln die Wege entlang der Isarufer.

▼▼ **Flossfahrt.** In den Sommermonaten fahren bis zu 50 000 Touristen auf großen, manchmal 20 Tonnen schweren Flößen von Wolfratshausen im Süden Münchens über eine Strecke von 25 Kilometern bis zur Floßlände in München Thalkirchen. Die Wehre werden dabei mittels Schleusenrutschen überwunden. Die Flöße sind meist mit Brotzeittischen, Bewirtung und Musikkapellen ausgestattet. Man kann also sehr bequem die abenteuerliche Fahrt und die wunderschönen Isaraulandschaften genießen.

▼ **Kanuten** finden in den Strömungen der renaturierten Isar reizvolle und sehr abwechslungsreiche Reviere, auch Wildwasserfahrten sind möglich.

▼▼ **Grillfeste.** In den Sommermonaten hängt über den Kiesbänken stets Grillgeruch, der von den zahlreichen Grillfeuern stammt, die die Münchner am Ufer entzünden und in deren Schein ausgedehnte und fröhliche Isarfeste gefeiert werden.

Hollunder-
Eistee
Rhababer-
Schorle
2,60
GÖTTERSPEISE
CHOCOLATERIE & CAFÉ
Summertime living is easy ...
erfrischende Schokoladen
EIS

◀◀ Das **Gärtnerplatzviertel** war das erste Wohngebiet der neu errichteten Isarvorstadt, man versuchte das Stadtbild der schnell wachsenden Stadt hier einheitlich zu gestalten, indem man Mietshäuser mit stimmigen Fassaden plante. Das Bürgertum des 19. Jahrhunderts wollte auch unterhalten werden. So entstand das privat finanzierte Gärtnerplatztheater als Volksbühne für Oper, Operette und Musical, dieses Repertoire findet sich neben modernen Stücken auch heute noch auf dem Spielplan. Das Gärtnerplatz- und das angrenzende Glockenbachviertel gehören heute zu den erklärten »In«-Vierteln der Stadt. Das ursprünglich einfache Bürger- und Handwerkerviertel ist mittlerweile zu einem der begehrtesten Wohn- und Ausgehviertel Münchens (mit entsprechend gestiegenen Mietpreisen) aufgestiegen.

◀ Der Alte **Südfriedhof** wurde 1563 als Begräbnisstätte armer Leute und als Pestfriedhof außerhalb der Stadt eingeweiht. Angeblich liegen hier auch 800 Gefallene der »Sendlinger Mordweihnacht« (einem am 25.12.1705 niedergeschlagenen Bauernaufstand), denen 1830 ein Denkmal gesetzt wurde. Seit 1944 finden hier keine Beerdigungen mehr statt.

◀ **Glockenbachviertel.** Der Westermühlbach ist der einzige der zahlreichen Stadtbäche, der heute noch zum Teil oberirdisch fließen darf. Der dem Viertel den Namen gebende Glockenbach fließt heute komplett unterirdisch.

◀ **Persönlichkeiten.** Bis 1868 wurde der Alte Südfriedhof als Münchner Zentralfriedhof genutzt. So finden sich hier viele durchaus pompöse Gräber von Münchner Bürgern, Brauereibesitzern oder Fabrikanten, aber auch die dagegen erstaunlich schlichten Ruhestätten vieler berühmter Persönlichkeiten wie das von Gabriel von Seidl, des Architekten Leo von Klenze, des Malers Carl Spitzweg oder des Komponisten und Dirigenten Friedrich Lachner.

▶ **Friedensengel.** Die italienische Gartenanlage mit ihren malerischen Brücken, Terrassen und Springbrunnen und der zentralen filigranen Engelsfigur bildet den Abschluss der Prinzregentenstraße am östlichen Isarhochufer. Das in der Epoche des Historismus entstandene Denkmal erinnert an 25 Jahre Frieden mit Frankreich nach dem Krieg von 1870/71. In der linken Hand hält die Figur ein kleines Abbild der »Pallas Athene«, der Schutzgöttin der Stadt, in der rechten Hand einen Ölzweig als Zeichen des Friedens. Anders als die Siegessäule in Berlin soll der Münchner Friedensengel keine kriegerische Absicht symbolisieren.

▶ **Praterinsel.** Neben der Museumsinsel ist die Praterinsel eine der beiden befestigten und bebauten Isar-Inseln Münchens. Auf der Praterinsel haben sich im Rahmen des »Aktionsforums Praterinsel« zahlreiche Künstler angesiedelt und das Alpine Museum des Deutschen Alpenvereins öffnet täglich für Besucher. Der elegante Kabelsteg verbindet die beiden Isarufer und damit auch die Stadtteile Lehel, Haidhausen und Bogenhausen.

Die evangelisch-lutherische **St. Lukas** Kirche mit ihrer beeindruckenden Kuppel ist ein prägnantes Wahrzeichen Münchens an der Isar. Sie ist die dritte große evangelisch-lutherische Kirche Münchens, zunächst wollte man einen weniger auffälligen Bauplatz, da München sich als »katholische« Stadt präsentieren sollte.

▶ Der **Strand an der Corneliusbrücke** ist ein Kunst- und Kulturprojekt. Der Strand soll die Perspektive auf die altbekannte Brücke verändern, damit die Stadt anders erlebt werden kann und damit Begegnung und Kommunikation fördern. Im Hintergrund die neoromanische katholische Pfarrkirche St. Maximilian.

G19

150 JAHRE

◄◄ **Bayerisches Nationalmuseum.** Das Museum besitzt eine Kunst- und kulturhistorische Sammlung von europäischem Rang. Die modern gestalteten Ausstellungen zeigen die bayerische und süddeutsche Kulturgeschichte vom frühen Mittelalter bis in die Gegenwart. Die herrlichen gotischen Skulpturen (etwa eine der schönsten Mariendarstellungen, die »Seeoner Muttergottes«), Porzellan, Gold- und Silberarbeiten aus dem Rokoko, Uhren, Textilien, Intarsien und Glasmalerei lassen vergangene Epochen im Auge des Betrachters wieder lebendig werden, wozu auch die neue Konzeption der Erlebnisräume viel beiträgt. Auch der bäuerlichen Lebenswelt ist eine Ausstellung gewidmet. In den Wintermonaten wird die umfassende und sehenswerte Krippensammlung mit Kunstwerken aus ganz Europa der Öffentlichkeit zugänglich gemacht.

◄ **Müllersches Volksbad.** Der Münchner Bürger und Ingenieur Karl Müller finanzierte den Bau in barockisierendem Jugendstil, den er vor allem der Arbeiterbevölkerung der Münchner Stadtteile Giesing, Au und Haidhausen öffnen wollte. Zu seiner Eröffnung war das Bad das modernste und teuerste Bad (1,8 Mio. Goldmark) der Welt. Das sehenswerte Tonnengewölbe und die liebevoll restaurierten hölzernen Umkleidekabinen mit ihren barocken und Jugendstilformen machen den Badebesuch zum Erlebnis.

◄ **Maximilianeum.** Seit 1876 befindet sich hier der Sitz der »Stiftung Maximilianeum«, die sich, nach einer Idee des Kronprinzen Maximilian, der Förderung der begabtesten bayerischen Studenten widmet. In dem Kulissenbau befindet sich auch der Sitz des Bayerischen Landtags. Der Höhepunkt der Maximilianstraße, den sich König Max II. mit dem Bau wünschte, ist nur Fassade, die Pracht entfaltet sich nur in ihrer grandiosen Fernwirkung.

◄ **Maximilians-Anlagen.** Grüne Lunge – Durchatmen und Erholung für die Städter.

▶ Der **Mariahilfplatz** ist der städtebauliche Mittelpunkt der Siedlung Au, hier findet traditionsgemäß dreimal im Jahresverlauf ein Jahrmarkt statt. Die Maidult, die Jakobidult im Juli und die Kirchweihdult eine Woche nach Kirchweih im Herbst.

▼ **Marktstand**. An den Standln der Dult findet man vor allem Geschirr und liebevoll handgefertigte Töpferwaren, die Auer Dult galt als der größte Geschirrmarkt Europas. Daneben kann man aber auch Haushaltswaren, Kleidung – hier findet man noch einen Hosenträgermacher – sowie Kräuter und Naturprodukte erstehen. In der »Neuheitengasse« rufen die Marktschreier um die Wette, um ihre Gemüsehobel, Polierpasten und Blitzputztücher an die Frau und den Mann zu bringen.

▼▼ **Antiquitäten und Kuriositäten** werden an den Ständen der Antiquitätengassen angeboten. Hier lohnt es sich zu stöbern, denn vom Manschettenknopf bis zum Nachttopf kann man hier so manches Kuriosum erstehen.

▼ **Kettenkarussell**, die Maria-Hilf-Kirche im Hintergrund. Etwa dreihundert Händler und Schausteller beteiligen sich an der Auer Dult, die inzwischen nicht nur Markt, sondern auch Volksfest ist. Im Gegensatz zum Oktoberfest ist die Auer Dult sehr familiär und ruhig. Jährlich kommen etwa 300 000 Besucher auf den Mariahilfplatz.

▼▼ **Steckerlfisch** ist eine beliebte bayerische Spezialität, die bevorzugt auf Märkten und in Biergärten angeboten wird. Die frisch geräucherten Renken, Brachsen, Forellen oder Makrelen schmecken am besten mit einer Breze oder auch mit Kartoffelsalat.

Auer
Dult

▶▶ **Gasteig.** Hier mussten früher die Fuhrwerke den »gachen« (= steilen) Steig hinunter zur Zollstelle an der Isar. 1985 fanden im gleichnamigen Kultur- und Bildungszentrum die nach den Zerstörungen des 2. Weltkriegs heimatlos gewordenen Münchner Philharmoniker, die Stadtbibliothek, das Richard-Strauss-Konservatorium, die städtische Sing- und Musikschule und die Volkshochschule endlich ein neues Zuhause. Berühmt wurde der rote Backsteinbau zunächst einmal durch eine extreme Überschreitung der geplanten Baukosten. Das Herzstück ist die Philharmonie, ein Konzertsaal mit terrassen- und fächerförmig geschichteten Zuschauerrängen, die knapp 2400 Zuhörern Platz bieten und die Philharmonie so zu einem der größten Konzertsäle Deutschlands machen. Vor allem die Philharmoniker – zunächst unter der Leitung von Sergiu Celibidache, dann unter James Levine und heute unter Christian Thielemann – sind weltweit anerkannt und geschätzt. In dem großen Saal wie auch in etlichen kleineren Veranstaltungsräumen finden nicht nur klassische Konzerte, sondern auch Jazzevents, Popkonzerte, Vorträge statt und auch der Kinomarathon des »Münchner Filmfests« hat hier seine Zentrale.

▶ **Haidhausen.** Den Kontrast zum trutzigen Backsteinkoloss des Gasteigs bildet die ihn umgebende frühere Arbeitervorstadt Haidhausen.

▶ **Kloster Haidhausen.** Abseits vom klassischen Kulturtrubel, zwischen Gründerzeitbauten und den schmalen Häuschen der früheren Handwerker, Kleingewerbetreibenden, Arbeiter und Tagelöhner, findet man Haidhausens mittlerweile sehr anerkanntes kulturelles Eigenleben.

▶ **Orchesterprobe.** Hier am Richard-Strauss-Konservatorium wird der musikalische Nachwuchs auf den harten Alltag als Berufsmusiker vorbereitet. Ein Ausbildungsplatz ist bei Studenten aus aller Welt sehr gefragt und hart umkämpft.

gast

◄◄ **Dächer der Innenstadt.** Münchens Stadtbild wirkt uneinheitlich und gewachsen – es verändert sich laufend und wird eher durch Nuancen in der Bebauung als durch eine gigantische moderne Skyline geprägt. Trotzdem ist sie unverwechselbar.

◄◄ **Wohnen.** Haidhausen ist eine der beliebtesten Münchner Wohngegenden. Hier lebt man stadtnah, aber doch mit mehr Ruhe als in anderen Vierteln.

◄ **Herbergshäusl** für Haidhausen typische Herbergen aus dem 18. Jahrhundert. Am Ende der Feudalzeit konnten hier auf nicht eigenem Grund Herbergen erworben werden. Heute ist im »Üblacker-Haus« ein kleines Museum eingerichtet, das vom einstigen Haidhausen erzählt.

◄ **»Franzosenviertel«.** 1870 entwarf Arnold von Zenetti einen typischen gründerzeitlichen Stadterweiterungsplan: das »Franzosenviertel«. Eigentlich tragen die Straßen und Plätze ihre Namen nach den Orten von siegreichen Schlachten im Deutsch-Französischen Krieg von 1870/71, und der großzügige Bebauungsplan wurde durch französische Reparationszahlungen erst ermöglicht. Im Zeitalter der europäischen Freundschaft gerade mit Frankreich aber wird dieser Sachverhalt, der außerdem auch im Gegensatz zum alternativ-ökologischen Bewusstsein einer Mehrheit der heutigen Bewohner des Viertels steht, gerne ignoriert und positiv umgedeutet.

◄ **Alter Friedhof Haidhausen.** Die katholische Pfarrkirche Alt-St.-Johann-Baptist ist der Mittelpunkt des ehemaligen Dorfes Haidhausen (808 unter dem Namen »haidhusir« erstmals urkundlich erwähnt). Der alte Friedhof bildet zusammen mit der Kirche ein sehenswertes Ensemble, das die dörfliche Tradition Haidhausens ein wenig nachspüren lässt und das einen weiteren Kontrapunkt zum gründerzeitlichen Prunk und zu den bescheidenen Herbergsgassen bildet.

▼ **Blade Night.** Seit 1999 feiern Inline-Cracks und Rollschuh-Anfänger ihre rollende Party. Bei schönem Wetter genießen durchschnittlich 25 000 Freizeitsportler freie Fahrt auf immer neu geplanten, für den Autoverkehr gesperrten Strecken durch die Innenstadt und die Münchner Stadtviertel, vorbei an historischen Gebäuden und Sehenswürdigkeiten. Die Stadt auf Rollen zu erobern ist sicher ein besonderes Erlebnis.

▼▼ **Tollwood.** Erstmals fand 1988 im Olympiapark das beliebte alternative Festival statt. Zu Beginn waren es noch hauptsächlich lokale Künstler, die hier auftraten, schnell entwickelte sich ein internationales Fest mit moderner und alternativer Kunst, Musik und Kabarett sowie einem Markt für Kunsthandwerk aus aller Welt und internationalen Köstlichkeiten. Mittlerweile gibt es auch das Wintertollwood-Festival auf der Theresienwiese vor St. Paul.

▼ **Tanz der Marktfrauen am Faschingsdienstag** auf dem Viktualienmarkt. Der Faschingshöhepunkt im sonst nicht besonders närrischen München. Die Marktfrauen treten jedes Jahr mit neuen Kostümen und Tänzen zusammen mit dem Münchner Oberbürgermeister auf.

▼▼ **Clubszene.** Im Münchner Nachtleben ist so einiges los. Hier trifft man Partymäuschen, Promis und Münchner Originale. Die In-Clubs »P1« oder »Pascha« sind weithin für den strengen Blick ihrer Türsteher bekannt. Eine reiche Auswahl an Bars, Lounges und Diskotheken findet sich in der ganzen nächtlichen Stadt.

► **Tanz.** Träumen und schweben darf man beim sommerlichen Tanz im Hofgarten. Wo sonst ist eine Kulisse so berauschend und wunderbar.

◄◄ Schloss Nymphenburg. Im Südwesten Münchens liegt die weitläufige barocke Schlossanlage inmitten eines zum englischen Landschaftsgarten umgestalteten Barockparks. Die italienische Landvilla war ein Geschenk des Kurfürsten Ferdinand Maria an seine Frau Henriette Adelaide zur Geburt des Thronfolgers Max Emanuel. Der entwickelte nach Misserfolgen auf dem politischen Parkett eine unglaubliche Bauwut. Die Nymphenburger Anlage ließ er ab 1715 großzügig durch Anbauten, einen Klosterbau, die Orangerie und den Marstall erweitern und die umgebende Landschaft in einen Park mit Lustschlösschen, Parkburgen und Seen umformen.

Im Inneren des Schlosses prunkt der »Steinerne Saal« mit großartiger Rokokoverzierung. Die Kleine und Große Schönheitengalerie sowie die Schönheitengalerie König Ludwigs I. zeigt adelige Damen, aber auch Bürgertöchter und Landmädchen und ist damit Manifestation des jeweiligen Schönheitsideals. Hier hängt die eine oder andere Liebschaft Ludwigs I., z. B. Helene Sedlmayer, die »Schöne Münchnerin«. Die Amalienburg, ein Rokokoschlösschen, die Badenburg mit dem ersten beheizbaren Badebecken in Europa, die exotische Pagodenburg und die künstliche Ruine der Magdalenenklause sind architektonische Schmuckstücke in der Parklandschaft mit ihren fantasievollen See- und Teichanlagen.

◄ Nymphenburger Kanal. Hier zeigen sich die reizvollen Kontraste und der Charme die München ausmachen. Die herrschaftlichen Auffahrtsalleen mit großartiger Perspektivenwirkung hin zum unwirklich schimmernden Nymphenburger Schloss und davor die Münchner beim winterlichen Vergnügen, Eisstockschießen und Schlittschuhlaufen auf dem zugefrorenen Kanal.

Produktmanagement: Susanne Caesar
Grundlayout: Dr. Alex Klubertanz; Satz/Layout: Claudia Lensch, München
Redaktion: Claudia Lensch, München
Texte: Marianne Laurentius, München
Repro: Scanner Service, Verona
Umschlaggestaltung: Anna Katavic unter Verwendung eines Fotos von Ingrid Firmhofer
Kartografie: Astrid Fischer-Leitl, München
Herstellung: Christine Herzer
Printed in Slovenia by MKT Print, Ljubljana

Alle Angaben dieses Werkes wurden vom Autor sorgfältig recherchiert und auf den aktuellen Stand gebracht sowie vom Verlag geprüft. Für die Richtigkeit der Angaben kann jedoch keine Haftung übernommen werden.
Für Hinweise und Anregungen sind wir jederzeit dankbar. Bitte richten Sie diese an:

Bruckmann Verlag
Postfach 80 02 40
D–81602 München
E-Mail: lektorat@bruckmann.de

Bildnachweis:
Umschlagvorderseite: Blick über München
Umschlagrückseite (von oben nach unten): Oktoberfest, Marienplatz, Olympiapark, Isarauen
Seite 6–7: Die Ludwigsstraße mit Feldherrenhalle

Alle Abbildungen des Umschlags und des Innenteils
stammen von Ingrid Firmhofer außer:
Bernd Römmelt: S.23, S.24 oben, S.26, S.27 (2) oben, S.27 r.u., S.29 Mitte, S.38 r.o., S.63, S.88/89, S.90 l.u., S.92, S.93 (2)
Jüdisches Museum/Roland Halbe: S.34, S.35
Bildagentur Huber: S.62 l.u.
Deutsches Museum München: S.73 Mitte (S. Warneser), S.73 unten (Klaus Brenninger)

Die Deutsche Bibliothek –
CIP-Einheitsaufnahme
Ein Titelsatz für diese Publikation ist bei Der Deutschen Bibliothek erhältlich.

ISBN 978-3-7654-4562-0